Praktisk Projektledning

Praktisk Projektledning

En guide till lyckade projekt.

Pernilla Pihl

Förlag: BoD – Books on Demand, Stockholm, Sverige
Tryck: BoD – Books on Demand, Norderstedt, Tyskland

ISBN: 978-91-7851-191-4

INTRODUKTION

Vad kul att du vill lära dig mer om praktisk projektledning.

Denna bok baseras på vår erfarenhet som projektledare och fungerar bland annat som kurslitteratur för en grundläggande projektledarutbildning men kan med fördel även användas som guide när du driver ett projekt.

Bokens syfte är att fungera som inspiration och "kom ihåg" där vi fokuserar på några viktiga verktyg i varje fas av ett generellt projekt.

I bokens sista kapitel "Facilitering" finns tips och idéer för dig som projektledare när du leder din grupp i idégenerering och prioritering.

Vi gör inte anspråk av att vara heltäckande.

Författaren Pernilla Pihl, har själv en lång erfarenhet som projektledare och leder regelbundet utbildningar inom området. Hon arbetar även som mentor för projektledare och har en gedigen teoretisk och praktisk "verktygslåda" att välja ur.

Vill du komma i kontakt med oss så besök oss gärna på www.frontleaders.se

Innehållsförteckning

Introduktion.. 1

Projektledning 5

Definition av projekt 6

Projektorganisation 7

Projektägare (projektsponsor) 8

Projektbeställare.. 9

Styrgrupp.. 10

Referensgrupp 11

Projektledare... 12

Expertgrupp... 13

Projektadministratör.. 13

Delprojektledare 13

Projektmedlemmar.. 13

Projektkartan - projektets faser................................... 14

Initiera.. 16

Projektbeskrivning.. 16

Hjälpmedel för en grundlig och realistisk projektbeskrivning. 19

1. Projektbudget.. 19

2. Intressentanalys.. 22

3. Hisstal.. 25

4. Tankekarta.. 26

Grind 1 28

Resultat efter Initiera fasen.. 28

Författarens tips 29

Planera..30

    Projektplanering 31

        1. Lista projektaktiviteter 31

        2. Gruppera och sätt i sekvens 31

        3. Visa relationen mellan aktiviteter.................31

        4. Uppskatta tidsåtgång 32

        5. Avgör den kritiska linjen 33

        6. Schemalägg aktiviteter 33

        7. Tillsätt resurser 34

    Riskbedömning 34

    Kommunikationsplan 37

    Ändringshantering..38

    Översyn av projektplaner..39

    Grind 2 39

    Resultat efter Planera fasen 40

    Författarens tips...40

Genomföra 41

    Genomför projektplan...41

    Styra mot mål. 41

        Styrmetoder 42

    Styrplan..44

    HUKI...45

    Standards och rutiner..46

    Grind 3 47

Resultat efter Genomföra och Styra fasen 47

Författarens tips 48

Avsluta och följa upp 49

Checklista vid projektavslut 50

Lärdomar 51

Fira projektet...51

Författarens tips 52

Facilitering 53

Facilitators roll...53

Leda möte och workshops 54

Idégenerering 57

Brainstorming...57

Brainwriting 58

Prioritera..59

Klustra idéer - Affinity diagram 59

Multiröstning 60

Insats/Effekt matris..61

LYCKA TILL MED DINA PROJEKT!..62

PROJEKTLEDNING

Projektledning handlar inte bara om att ha rätt tekniska metoder och verktyg utan projektledning handlar om att leda mot ett mål.

För att få en hållbar effekt och ett lyckat projektresultat så handlar det inte bara om projektledningens tekniska metoder och verktyg, som projektledare har vi även ansvar för att få acceptans för resultatet. Oberoende om projektet syftar till att utveckla en ny produkt, införa ett nytt arbetssätt eller utreda nya möjligheter så innebär det en förändring för de som påverkas.

| Kvalitet | + | Acceptans | = | Hållbar effekt |

I rollen som projektledare leder du arbetet och behöver balansera fokus för att säkra både kvalitet och acceptans.

Kvalitet säkras genom projektledningens tekniska metoder och verktyg.

Acceptansen fås genom förändringsledning och ledarskap.

Definition av projekt

Projekt är ett uppdrag som utförs av en tillfällig arbets-
organisation för att åstadkomma ett i förväg bestämt resultat.

Det latinska ordet för projekt *projicere* betyder egentligen
utkast och betydde ursprungligen en plan. Från mitten av
1900-talet har ordet betydelse förskjutits till att förutom
planeringen också avse genomförandet av planen.

En formell definition på projekt är:

En temporär satsning för att framställa en unik vara eller tjänst.

- Temporär avser att projektet har en viss varaktighet med en start
  och ett slut.
- Satsning innebär att någon tilldelar projektet resurser av något
  slag.
- Unik är att projektet avser att ta fram någonting som inte gjorts
  tidigare. Det unika kan ligga i det slutliga resultatet eller det sätt
  som detta framställs på.
- Vara eller tjänst innebär att projektet syftar till att ta fram
  någonting, att det ska producera ett slutresultat. Slutresultatet kan
  vara konkret, till exempel en ny produkt för ett företag, ett nytt
  IT-system. Slutresultatet kan även vara mer abstrakt som en
  organisationsändring eller en tjänst.

Projektorganisation

Varje projekt innebär en tillfällig organisation, denna definieras per projekt eller per organisation.

En projektorganisation skiljer sig därför åt beroende på projektets storlek samt organisatoriska strukturer.

Normalt är att projektet är uppdelat i en styrande och en genomförande del.

Bilden nedan visar en generell projektorganisation samt dess ingående roller.

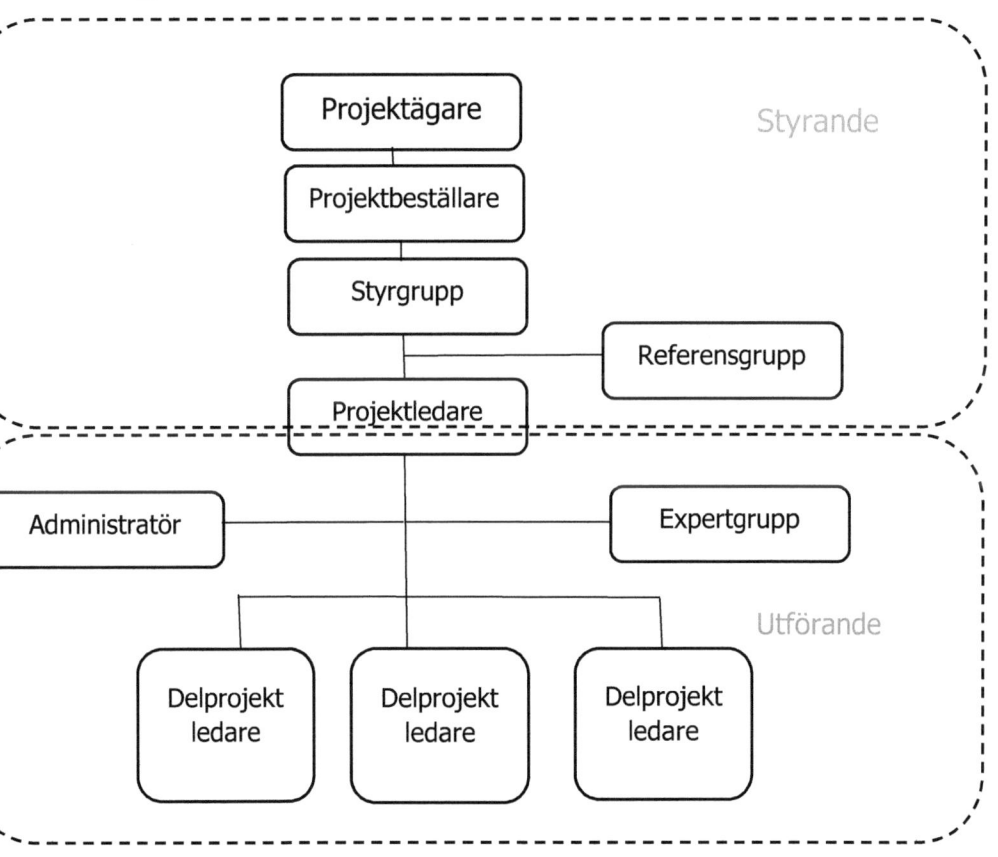

Projektägare (projektsponsor)

Den som finansierar projektet. Det kan vara VD, högste chef eller chef för den avdelning som i första hand påverkas av projektet.

Ansvar:

- effektmålen ska definieras
- att business Case, eller ROI, tas fram – att det finns en kalkyl för när projektet ska löna sig
- Sätta projektets prioritet i förhållande till annat som pågår i organisationen
- Förankrar projektet i ledningen och andra intressenter
- Bevakar andra satsningar och omvärldsfaktorer som kan påverka projektet

Befogenhet:

- Initiera/avsluta projekt
- Tillsätta/avsätta beställare
- Tillsätta/avsätta styrgruppsmedlemmar
- Tillsätta/avsätta projektledare
- Justera projektbudget

Projektbeställare

Projektbeställaren får mandat av projektägaren att agera som den operativa beställaren av projektet.

Projektbeställaren är den som ansvarar för att projektet uppfyller effektmålen. Dessa effektmål ska vara mätbara.

Ansvar:

- Projektbeställningen i sin helhet
- Ordförande i styrgruppen
- Effektmålen ska uppnås
- Projektmålen ska sättas så att de matchar effektmålen
- Gör en effekthemtagningsplan tillsammans med de som ska följa upp effekten
- Säkerställa att investeringen uppnår förväntad nytta
- Bevaka att projektet följer tidplan
- Arbetar med projektledaren och ska finnas som stöd till denne genom hela projektet
- Hanterar intressekonflikter
- Planera och bjuda in till styrgruppsmöte
- Prioriterar mellan tid, kostnad och omfattning
- Ser till att det finns resurser till projektet
- Bevaka andra satsningar och omvärldsfaktorer som påverkar projektet

Befogenhet:

- Tillsätta/avsätta styrgrupp
- Tillsätta/avsätta projektledare
- Godkänner projektavslut
- Tillser att det finns mottagare av projektet vid avslut

Styrgrupp

Styrgruppens roll är att stötta projektbeställaren

Ansvar:

- Följer upp projektets resultat och rådgör med projektbeställaren inför beslut
- Agerar som ambassadörer för projektet
- Arbetar för projektets bästa (och inte sin egen enhet/avdelning)
- Underlättar för projektet – eliminerar hinder
- Stöttar projektledaren och beställaren
- Förankrar projektet hos olika intressenter
- Göra beställaren uppmärksam på eventuella bristfälliga beslutsunderlag
- Omvärldsbevakning i organisationen för andra projektet eller satsningar vilka kan ha beröringspunkter till projektet.

Befogenhet:

- Ta beslut om vägval i projektet

Referensgrupp

- Det finns flera olika typer av referensgrupper som kan vara aktiva i ett projekt.
  Det som är gemensamt för dessa är att
  referensgrupper inte arbetar aktivt i projektet.
- En referensgrupp kan bestå av personer som projektet behöver för att inhämta kunskap och kompetens. Dessa kan komma från den egna organisationen eller utifrån.
- Medlemmarna i en referensgrupp arbetar inte aktivt i projektet.
  En referensgrupp har ingen formell beslutanderätt över projektet.
- En referensgrupp kan också bildas för att skapa ett engagemang för projektet. Gruppen hålls informerad för att sprida kunskap om projektet och kan till exempel bestå av personer som ska använda sig av eller påverkas av projektets resultat. Därmed är gruppen viktig för förankringen.
- En referensgrupp i projektet kan också vara de fackliga samverkansgrupperna.

Projektledare

Projektledaren utses av beställaren.

Projektledaren ansvarar för att nå projektmålen inom ramarna för budget, tid och omfattning

Ansvar:

- Att Projektmålen uppnås
- Planera projektet
- Att leda projektet i enlighet med beslutad budget, tid och omfattning
- Riskhantering
- Konflikthantering
- Stötta delprojektledarna i sitt arbete
- Hantera intressenter samt kommunikation med dessa
- Koordinera arbetet i projektet
- Leverans av projektets resultat
- Tillse att beställaren har tillräckligt med beslutsunderlag inför varje enskilt beslut i projektet.
- Ge beställaren en status med överenskommet intervall, på tid, kostnadsuppföljning och omfattning
- Föredra projektstatus, beslutsunderlag, riskanalys på styrgruppsmöten samt kommande aktiviteter
- Författa slutrapport med tillhörande lärdomar och erfarenheter
- Tillse att projektgruppen får jobba i lugn och ro, dvs lösa eventuella konflikter som finns högre upp i organisationen
- Ansvarar för att projektet har resurser med rätt kompetens och tid
- Planera, leda och kalla till projektledningsmöten (där projektledaren och delprojektledarna ingår)
- Planera, leda och kalla till projektmöten (där samtliga projektdeltagare ingår)

Befogenhet:

- Tillsätta/avsätta delprojektledare
- Tillsätta/avsätta projektmedlemmar
- Fatta beslut inom ramen för projektets budget, tid och omfattning

Expertgrupp

- En oberoende grupp
- Granskar projektet till exempel med avseende på kvalitet
- Experter inom området
- Rådgivande eller styrande

Projektadministratör

Koordinerar och hjälper projektledaren med den administrativa delen i ett projekt, vilket innebär att koordinera projektmedlemmarna och se till att alla uppgifter utförs. Projektadministratören samlar ofta in och sammanställer information och dokumentation från övriga i projektet.

Delprojektledare

Den som leder arbetet i ett delprojekt och ansvarar för att dess mål infrias.

Projektmedlemmar

Deltar i projektet

Ansvarar för sina aktiviteter

Medverkar till gruppens bästa

Projektkartan - projektets faser

I ett projekt arbetar vi stegvis där projektet byggs upp och avslutas enligt en struktur. Projektkartan fungerar som guide för projektledaren och säkerställer att viktiga moment inte förbigås, säkerställer högsta möjliga produktivitet och leveransprecision.

En projektlednings karta guidar dig genom projektet och innehåller

- Tydligt definierade projektfaser med relevanta överlämningar
- Väldefinierade roller och ansvar
- Disciplinerade "grindar" med genomgång och godkännande process, vanligtvis efter varje fas
- Återkommande framstegs uppföljning
- Uppföljning där resultat styrs och följs upp

I boken följer vi fyra faser.

Initiera:

Definierar projektets syfte och mål

Planera:

Etablerar avgränsningar, finjusterar syfte och mål, planerar genomförande

Genomföra och Styra:

Aktiviteter genomförs för att nå mål, ändringshantering, plan för avslut och resultatleverans

Avsluta och Följa upp:

Formellt avsluta projekt och dokumentation samt säkerställande av hållbara resultat

INITIERA

Initiera fasen är första fasen i ett projekts cykel. Fasen syftar till att konkret definiera projektet och staka ut riktningen mot målet.

Projektbeskrivning

Huvuddokument i Initiera fasen. Kan även kallas projekt-charter, projektdirektiv, projektkontrakt eller uppdrags-beskrivning.

Innehåller svar på frågorna VAD ska uppnås? NÄR ska det ske? HUR ska det göras? VEM ska genomföra projektet?

Syftet med beskrivningen är att

- Ge fokus för projektgruppen och koppling till affären
- Definiera problemet
- Definiera mål och inriktning för projektet
- Ge avgränsningar och omfattning av projektet
- Etablera en initial arbetsplan och vilka resurser som behövs
- Etablera roller och ansvar
- Skapa ett kommunikationsmedel
- Hjälpa beslutsprocessen

16

En projektbeskrivning innehåller vanligen 9 element som beskriver projektet.

1. **Affärsbakgrund** - kontext
   Ger en beskrivning av nuläge, i vilket sammanhang projektet genomförs, vad konsekvensen blir om det ej genomförs.
2. **Problem/syfte** formulering
   Beskriver syftet och anledningen till projektet
3. **Mål**
   Mätbar målsättning med projektet. Här används ofta SMART målsättning (Specifikt Mätbart Accepterat Realistiskt Tidsatt)
4. **Förväntad projektleverans**
   Utöver målsättningen beskrivs vad projektet förväntas leverera. T.ex. utbildning, produkter, tjänster och rutiner.
5. **Finansiell** påverkan
   En övergripande budget och förväntat resultat
6. **Projektavgränsningar**
   Vad ingår och vad ingår INTE i projektet i form av organisatoriska avgränsningar mm.
7. **Projektgrupp och resursbehov**
   En första bild av resurser i form av kompetens och personer som behövs
8. **Tidsplan**
   En övergripande tidsplan ofta enbart start och slutpunkt.
9. **Affärsbegränsningar**
   I vissa fall begränsas projektet av lagar och avtal.

Ett väldefinierat projekt reducerar problem under projektet gång och vid avslut. Problem som till exempel förseningar, diskussioner om resultat uppnåtts, budget och resurskonflikter mm.

En projektbeskrivning är ett levande dokument och skall uppdateras vid all förändring under projektets liv.

Risker om vi inte använder en projektbeskrivning

Suboptimering, vi optimera en uppgift ur en aspekt som inte är optimal för helheten. I värsta fall kan vi försämra helheten.

Vi riskerar att starta liknande eller överlappande projekt.

Onödiga kostnader, vi arbetar med något som ej behövs eller redan finns.

Stor risk för försening då vi inte definierat projektet tydligt.

Oerhört lätt att missa målet eller förväntningarna.

Hjälpmedel för en grundlig och realistisk projektbeskrivning.

1. Projektbudget

En projektbudget är den totala summan pengar som tillägnas det specifika projektet under en specifik tidsperiod. Målet med att göra en projektbudget är att få en översikt av, och kunna kontrollera, projektets utgifter och att se till så att kostnaderna inte överstiger summan för budgeten som har godkänts.

Budgeteringen fungerar som en kontrollmekanism genom att jämföra de faktiska utgifterna med de beräknade kostnaderna, för att se hur pass bra de överensstämmer. Budgeten är ofta en viktig parameter att ta hänsyn till under verkställandet av projektet. Om någonting inte går enligt planen kan det leda till att budgeten påverkas. När projektbudgeten förändras, eller inte blir som det var tänkt, kan det leda till finansiella konsekvenser, och att projektledaren blir tvungen att justera tidsplanen, schemat och/eller budgeten.

Budgetplanering

Steg 1: Definiera budget

Det är projektledaren som är ansvarig för att göra en uppskattning av vilken budget som kommer behövas för att slutföra olika delar av projektet. Projektledaren bör lokalisera samtliga kostnader som innefattas i projektet, inklusive kostnader för både intern och extern arbetskraft, utrustning, resor, material och andra förnödenheter.

Budgeten bör vara mycket mer detaljerad och noggrant gjord än en schablonbudget som bara fokuserar på mer övergripande kostnader på en mer abstrakt nivå. I situationer där projektledaren får en färdig budget tilldelad till sig, exempelvis som en del av projektkontraktet, är det fortfarande hens uppgift att se till så att den stämmer överens med de faktiska kostnaderna, att alla kostnader finns med och att budgeten är giltig. När utvärderingen har gjorts, så görs en verifiering av huruvida projektet kommer gå att genomföra med den angivna budgeten.

Resursbehov innebär att förutsäga vilka resurser som kommer behövas – såsom arbetskraft, verktyg, tjänster och material – samt i vilken kvantitet. Detta bör göras så att det innefattas allt som kommer behövas för att slutföra projektet. De fyra resurskategorierna kan förstås på följande sätt:

Arbetskraft och tjänster: Innefattar konsulttjänster, att anlita personer som har den kunskap och expertis som behövs samt kan genomföra de olika arbetsuppgifterna på den tid som har angivits i plan.

Material och verktyg: Till verktyg och material hör samtliga saker som kan tänkas behövas under projektet.

Steg 2: Verkställ budget

Genomförande av projektet innebär spenderande av resurser upptagna i budget.

Steg 3: Kontrollera budget

Regelbundet följa upp kostnader och förbrukade resurser mot budget. Agera genast om en avvikelse uppdagas.

Steg 4: Uppdatera budget

Vid budgetavvikelse uppdatera och besluta om ny budget.

2. Intressentanalys

En intressent är någon som är intresserad, påverkar eller påverkas av projektet.

En intressentanalys svarar på frågan om var vi har våra intressenter och vart vi vill ha dem i förhållande till önskad support till projektet. Hjälper projektgruppen att utveckla en strategi.

Börja med att lista alla som kan påverka eller påverkas av projektet.

Kategorisera intressenterna i en påverkansmatris för att identifiera nyckelpersoner.

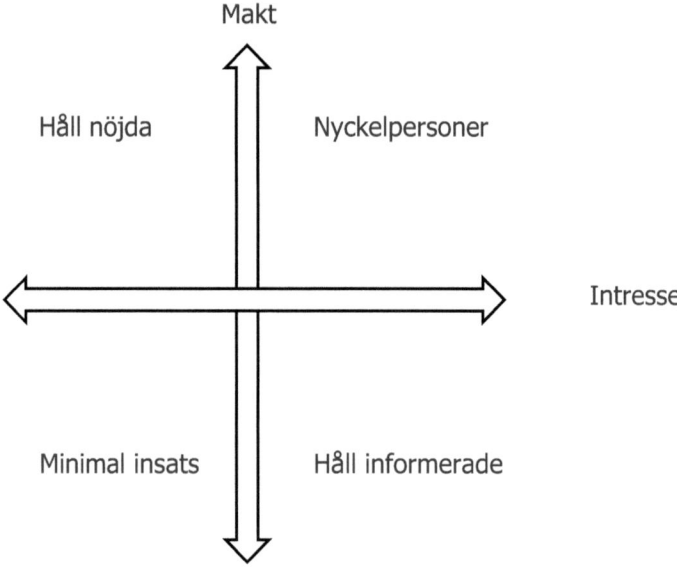

Arbeta sedan vidare med nyckelpersonerna i en intressent-
analys.

1. Markera vart individerna står i förhållande till projektet
   (X=nuvarande situation)
2. Markera vart individerna bör vara i förhållande till projektet (0
   = önskad situation)
3. Identifiera gap mellan nuvarande och önskad situation
4. Starta med de största gapen och analysera varför samt vad
   behöver göras

Exempel på mall

Namn/position/företag	--	-	0	+	++
Fyll i från påverkansmatris					
Fyll i från påverkansmatris					

Påverkanstrategi

Efter att ha diskuterat och verifierat attityden hos nyckel-
intressenter bör en effektiv strategi för att påverka, stärka
eller behålla nivån på stöd tas fram

Projektgruppens uppgift är att

- Avgöra vilka problem/bekymmer som finns
- Fundera på tänkbara vinster som kan påverka varje individ
- Fundera på hur intressenten bäst påverkas (en till en,
  informellt, besök etc.)

23

TIPS:

Publicera **INTE** intressentanalysen – håll den konfidentiell

Förutsätt inte att någon kommer stödja projektet

Underskatta inte motstånd

Förutsätt inte att de som stödjer projektet alltid gör det

Implementera inte en förändring i det fördolda

Förutsätt inte att tekniska lösningar räcker

Betrakta förändring/utveckling ur perspektivet från de som påverkas

Undvik "politisk korrekthet"

Blanda in andra, även vid tidsnöd

Lägg in som del i kommunikationsplanen

3. Hisstal

Hisstal är ett verktyg som används för att beskriva ditt projekt på mindre än 45 sekunder

- Kan användas överallt när du får chans att berätta vad du gör/behöver
- Bra om gruppen har ett gemensamt – enat budskap

Poängterar

- Vad projektet handlar om

- Vad projektets mål är

- Vilka utmaningar ni ha fördelar/resultat ni strävar efter

Arbeta stegvis enligt nedan för att ta fram ditt hisstal

1. Skapa en punktlista med det du vill ha med, undvik detaljer

VAD?

VARFÖR?

HUR?

2. Skriv en mening runt varje viktig punkt

3. Sätt ihop dem i ett flöde, en "historia"

4. Testa på någon

5. Slutför, se till att det är max 150 ord och tar mindre än 45 sekunder

4. Tankekarta

Frågan leder och svaret följer

Ställer vi samma fråga hela tiden lär vi få samma svar hela tiden

Definition av tankekarta

Tankekartan benämns ofta som det första verktyget i en projektcykel.

Där tankar, idéer och frågor i början av projektet presenteras på ett strukturerat, visuellt sätt i förhållande till projektets mål.

Den kan ha olika format och förändras genom projektet då information och data antingen läggs till, tas bort eller utvecklas.

Ett verktyg som

- Sparar tid
- Kommunicerar din strategi och metod
- Hjälper till att hålla rätt fokus på projektet
- Hjälper till för att undvika onödigt arbete
- Påbörjar grunden för dokumentation av arbetet
- Förklarar din strategi och metodik för andra
- Pekar ut brister i din strategi
- Visar verktygsanvändning och verktygslänkar
- Visar logiken bakom beslut

För att skapa en tankekarta

Det finns inget rätt sätt och inget fel sätt att göra en tankekarta!

- Gör den till din egen
- Följ inte slaviskt en mall
- Glöm inte att det finns flera sätt att komma fram till samma sak
- Det viktiga är att vara tydlig – inte likadan

Grind 1

Formalia runt dessa beslutsmöten (grindar) varierar från organisation till organisation.

Vanligtvis ett beslutsmöte där projektägare och ledning tar beslut om projektet skall drivas eller ej. Detta baseras på projektbeskrivningen, investering i förhållande till förväntad effekt och koppling till organisationens mål.

Resultat efter Initiera fasen

Efter Initiera fasen finns en komplett projektbeskrivning. En beskrivning som fungerar som underlag för projektledaren att påbörja planeringen av projektet och ett underlag för beslutsfattare att avgöra om projektet skall startas eller er.

Varje fasavslut innebär en grind, det vill säga ett beslut krävs för att projektet skall gå vidare till nästa fas.

Efter Initiera fasen skall ett beslutsmöte hållas där projektets omfattning godkänns.

Författarens tips

Stressa inte igenom initiera fasen. Ett projekt som är väl definierat från start hjälper dig som projektledare på många sätt.

Med en tydlig målsättning och förväntad projektleverans undviker du diskussioner om mål uppnåtts eller ej i projektets avslut. En luddig projektleverans ger luddiga förväntningar och förväntningar som ej uppfylls kan betyda att projektägare inte godkänner resultatet, vilket i sin tur gör att projektet inte kan slutföras eller skrivs av som misslyckat.

Med en tydlig konkret beskrivning kan du som projektledare alltid hänvisa till det dokumentet oavsett vilken diskussion du möter. Se också till att uppdatera projektbeskrivningen vid varje förändring så att de ständigt reflekterar verkligheten.

PLANERA

Projektets viktigaste fas. I denna fas skall alla aktiviteter och uppgifter som behöver genomföras för att nå mål, planeras in. Resursbehov och förebyggande av risker tas hänsyn till och en tidsplan spikas. Ett välplanerat projekt är till hälften redan klart.

Projektplanering

Planera ditt projekt i sju steg. Med en noggrann planering minskar du risken för oförutsedda händelser med förseningar eller kostnader som konsekvens.

1. Lista projektaktiviteter

Lista alla aktiviteter från projektcharter och tankekarta. Alla aktiviteter som måste genomföras för att projektet skall färdigställas. Bryt ned övergripande aktiviteter till enskilda handlingar. Innehåller projektet många aktiviteter kan de presenteras på övergripande nivå, men för planeringen behöver vi detaljer.

Använd projektgruppen för att ta fram saknade aktiviteter.

2. Gruppera och sätt i sekvens

Sätt aktiviteter som hör ihop tillsammans, till exempel om de rör olika områden i projektet, olika funktioner eller rena delprojekt. Sätt dem sedan i rätt sekvens, dvs. i den ordningsföljd de måste genomföras i.

3. Visa relationen mellan aktiviteter

Att visa relationen mellan aktiviteter är nyckel till en god projektplan, relationen mellan aktiviteter visar om de är beroende av varandra och hur de följer på varandra.

För att illustrera detta kan bilder visa tydligt hur aktiviteter relaterar till varandra

Två hjälpfulla verktyg:

1. Gantt schema (namngivet efter Henry Gantt 1861–1919)

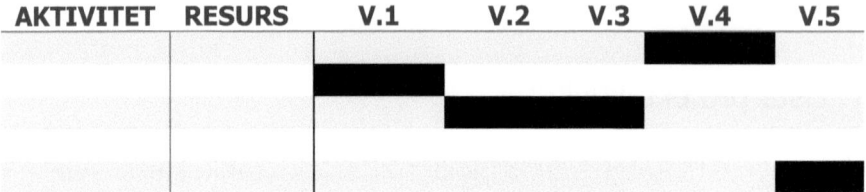

AKTIVITET	RESURS	V.1	V.2	V.3	V.4	V.5

2. Den kritiska linjen.

Den tid det tar för ett projekt att genomföras genom att finna den aktivitetsföljd där alla aktiviteter är beroende av den föregående utan något tidsglapp. Denna aktivitetsföljd kallas den *kritiska linjen* och aktiviteterna inom denna kräver extra uppmärksamhet för att projektets totala tidsram skall hållas.

4. Uppskatta tidsåtgång

En av de svåraste uppgifterna i projektplanering

Den totala projekttiden är beroende av delaktiviteternas tidsbehov

Viktigt att uppskatta så nära verkligheten som möjligt. Uppskatta effektiv tid för varje aktivitet inklusive eventuell informationsinhämtning.

I detta steg i planeringen avgör vi också om vi har milstolpar, tidpunkter som kan betraktas som deadlines och avgörande för projektets slutförande.

Milstolpe=etappmål i större projekt

5. Avgör den kritiska linjen

Den sekvens av aktiviteter som tar längst tid

Detta avgör den kortast möjliga totala projekttiden. En försening i någon av dessa aktiviteter orsakar genast en projektförsening.

Ett projekt kan ha flera kritiska linjer

6. Schemalägg aktiviteter

Schemaläggningen konverterar nätverket till ett schema med en tidsskala. I första steget lägger vi in alla aktiviteter med uppskattad tidsåtgång (från steg 4)

Börja med den sekvens av aktiviteter som hamnar på den längsta kritiska linjen, här skall vi som projektledare ha fokus för att säkerställa tidsramen vid genomförande.

Att komma ihåg:

- Lägg aktiviteter på den kritiska linjen i centrum av schemat
- Kortare sekvenser nära den kritiska linjen
- Icke kritiska aktiviteter vid tidigast möjliga tillfälle
- Flytande tid markeras med ......
- Rita en vertikal linje mellan aktiviteter på den kritiska linjen

7. Tillsätt resurser

Alla projekt behöver resurser. Resurser är kompetens, maskiner, hyra av lokal mm. När resurser adderas kan schemaläggningen förändras. Tänk på att om en resurs behövs fem dagar och endast finns tillgänglig en dag per vecka så blir tidsåtgången för aktiviteten fem veckor.

Två alternativ:

Tidsbaserad planering

- Känd som kritiska linjen planering
- Tillsätter resurser baserat på deadlines och tiden har högsta prioritet
- Visar vilka resurser som behövs för att slutföra projektet snarast möjligt

Resursbaserad planering

- Antar att resurser är begränsade
- Visar när projektet kan slutföras givet mängden resurser

Riskbedömning

Identifiera, utvärdera och prioritera de risker som kan uppkomma under projektets gång

Aktiviteter för att förebygga risker läggs in i projektplan.

1. Identifiera risker

Lista och beskriv alla risker

2. Utvärdera och prioritera riskerna

Uppskatta allvarlighet och sannolikhet, använd gärna en löpande skala (se exempel nedan)

Allvarlighet (hur allvarligt är det för projektet)

1 = ingen påverkan

till

10 = stor påverkan. Målet riskeras alternativt ett negativt resultat

Sannolikhet (hur sannolikt är det att det kommer hända)

1 = ingen sannolikhet

till

10 = kommer hända

Beräkna RPN (Risk Prioritets Nummer)

Allvarlighet x Sannolikhet

Sortera efter RPN från högsta till lägsta summan. De identifierade risker med högst RPN kan allvarligt skada projektet och behöver en förebyggande aktivitet.

3. Skapa en plan med aktiviteter för att undvika de högsta riskerna

4. För in aktiviteterna i den övergripande projektplanen

Dessa aktiviteter är en viktig del av projektets möjlighet till framgång.

Ett exempel på hur du lätt kan bygga en riskbedömnings-matris i Excel.

Risk id	Riskbeskrivning	Konsekvens	Allvarlighet	Sannolikhet	RPN	Undvikande åtgärd	Ansvarig
1	2	3	4	5	6	7	8

1. Numrera risken för spårbarhet
2. Beskriv risken för projektet så konkret som möjligt
3. Om detta händer, hur påverkas projektets framgång
4. Hur allvarligt är det (poängbedömning)
5. Hur sannolikt är det att det inträffar (poängbedömning)
6. RPN = riskprioritetsnummer (allvarlighet x sannolikhet)
7. Hur undviker vi att det händer, börja med högsta RPN
8. Vem är ansvarig för aktiviteten

Kommunikationsplan

Under hela projektets livscykel finns behov av kommunikation, det variera dock över tiden.

God kommunikation kännetecknas av:

- Syfte – Veta vad vi vill åstadkomma
- Nyckelbudskap – Var tydlig
- Timing – När ska vi kommunicera
- Fakta – Belys viktiga fakta
- Lyssnare – målgrupp
- Informativt och intressant
- Repetera – och repetera
- Konsistent – följ en linje
- Undvik slang
- Använd bilder
- Använd relevant kanal – epost, muntligt, möte mm.
- Frågor och Svar – fundera på vilka frågor som kan komma och ha svar redo

Glöm inte att kommunikation går två vägar till skillnad från information som går en väg.

För att göra projektplanen komplett identifiera behov av kommunikation i en kommunikationsplan, bygg den stegvis

1. Lista de individer och grupper som behöver ta del av projektet (här kan intressentanalysen användas)

2. Fundera på vilken nivå de bör ta del

- Lyssna och förstå
- Stödja och agera
- Använda och äga

3. Avgör vad som ska kommuniceras till respektive grupp

4. Skapa en kommunikationsplan och lägg in aktiviteterna i den övergripande projektplanen

Ändringshantering

Nya förutsättningar kan komma att påverka projekt och det gäller att företaget har ett bra och organiserat sätt att hantera ändringar på. Ändringshantering hjälper till med just detta, att på ett strukturerat och effektivt sätt hantera olika sorters förutsättningar och förändringar som kan påverka både projektet och företaget.

Sätt upp projektets rutin för ändringshantering för att underlätta genomförandet.

Översyn av projektplaner

Ett vanligt misstag vi gör när vi följer upp våra projektplaner
är att enbart se tillbaka, dvs. enbart fokusera på det som hänt

- Vilka aktiviteter är slutförda?
- Vad gick fort?
- Varför gick det fort?
- Hur mycket kraft har behövts?
- Vilken typ av svårigheter uppkom?
- Vad är gruppens styrkor och svagheter?
- Hur långt är det kvar till målet?

För att verkligen styra våra projekt är det dock viktigt att
flytta fokus framåt och förbereda för kommande händelser

- Vad kommer härnäst?
- Vart ligger projektet i förhållande till plan?
- Hur kommer vi tillbaka på plan om nödvändigt?
- Hur kan arbetet påskyndas?
- Finns det några kända hinder?
- När uppskattar vi att allt är klart?

Grind 2

Formalia runt dessa beslutsmöten (grindar) varierar från
organisation till organisation.

Vanligtvis ett beslutsmöte där projektägare och ledning tar
beslut om projektets plan, gällande tid och resursbehov kan
godkännas. Detta baseras på projektplanen, resursplan,
kommunikationsplan och riskbedömning i förhållande till
budget och projektmål. Föredras oftast av projektledaren.

Resultat efter Planera fasen

Efter Planera fasen finns en komplett projektplan. Tidsplan, resursplan samt aktivitetsplan.

Varje fasavslut innebär en grind, det vill säga ett beslut krävs för att projektet skall gå vidare till nästa fas.

Efter Planera fasen skall ett beslutsmöte hållas där projektets plan godkänns.

Författarens tips

I mångt och mycket projektets viktigaste fas. Här avgör du om projektet är en succé eller ett misslyckande.

Projekt som levererar önskat resultat men försent eller för dyrt kommer alltid ses som ett mindre bra projekt.

Om du genomför Planerafasen noggrant och verkligen ser till att ha förankrade resurser så kommer resten av projektet gå smidigt.

Det är här du har möjlighet att visa vad som behövs och vilken tid som kommer krävas, ta med allt, även små detaljer kan vara viktiga om de inte faller på plats och orsaka både förseningar och onödiga kostnader.

När du är klar med planeringen, glöm inte att uppdatera projektbeskrivningen och förankra det med styrgrupp och projektägare.

GENOMFÖRA

Genomföra projektets alla aktiviteter och styra mot mål.

Genomför projektplan

Projektplanen som skapades i Planera fasen innehåller alla aktiviteter som skall genomföras för att projektet skall slutföras. Projektaktiviteter, Kommunikation och Riskförebyggande aktiviteter.

I genomföra fasen följer vi upp alla aktiviteter mot tidsplan, stäm av budget och hantera ändringar. Under fasen har vi regelbundna uppföljningar där vi korrigerar eventuella avvikelser.

Vid behov engagera och motivera gruppmedlemmar och intressenter.

Styra mot mål.

Styrplan används för att garantera att projektleverans **alltid** motsvarar kundernas krav

Den skall innehålla **förebyggande** information, så justeringar kan göras innan defekter uppstår.

41

Styrmetoder

Grundprincip:

- Det skall vara enkelt
- Det skall integreras i befintliga system
- Det skall vara visuellt och lätt att förstå

Fixera - Förändra runtomkring processen så att man "bygger in" bäst lösningen, för att utnyttja "minsta motståndets lag".

Till exempel: montering av fysiska stopp, förändring av programvara så att datasystem ej accepterar vissa värden eller införande av Säkerhetslager.

Minimera - Göra processen mindre känslig för störningar genom att minimera inverkan av variation

Standardisera - Få processen likadan under olika förutsättningar.

Standard = metod att genomföra ett arbetsmoment X bästa sättet att göra det

Till exempel: införa arbetsinstruktioner, checklistor, mallar och regler

Tänk på att införa standards på rätt nivå, involvera de som arbetar i processen vid framtagande.

Mätning och uppföljning - Mätning och uppföljning av processens utfall och förändringar för att kunna agera när det behövs. Identifiera viktiga mätetal samt inrätta rutiner för datainsamling.

Till exempel: mätningar för kvalitet eller leveransförmåga.

Tänk på att skapa rutiner för hur och när korrigering skall ske.

Kommunicera - Hålla alla intressenter informerade och att sprida resultatet.

Till exempel: Diagram eller nyckeltal väl synligt vid process som uppdateras regelbundet.

Revision - Genom att utveckla rutiner för "revision" så ges ytterligare ett stöd för att behålla förbättringarna över tiden.

Styrplan

Ett dokument som överlämnas till projektbeställaren och innehåller relevant information för att ta över resultatet av projektet och säkerställa hållbart utfall.

Förberedelse inför skapandet av en styrplan

Fundera igenom följande frågor och välj den nivå som passar varje specifikt projekt.

Vad är en styrplan?

Varför skall den skapas?

Vem skall sköta uppföljningen?

När skall uppföljningen ske?

Hur sker uppföljningen?

Var kommer uppföljningen att genomföras?

När kommer styrplanen uppdateras?

Var kommer styrplanen visas upp?

Vilka åtgärder krävs om uppföljningen finner förutsättningar som inte överensstämmer med kundkrav?

HUKI

HUKI modellen används med fördel i samband med överlämnande av projekt, där överenskomna ansvarsområden fördelas. Låt HUKI vara en del av styrplanen.

	Avdelning/funktion				
Ansvarsområde	A	B	C	D	E
Område 1	H		K	I	
Område 2		U	H		
Område 3		K			H
Område 4	H			I	

H = Huvudansvarig

U = Uppdrags-, underlagsansvarig eller utförande

K = Kontaktas eller Konsulteras

I = Informeras

En HUKI kan även användas för fördelning av specifika aktiviteter, ersätt då område med aktivitet och avdelning med person.

Standards och rutiner

Nödvändiga för att dokumentera ett projekt

Är detaljerna bakom de aktiviteter som är genomförda

Ett utbildningshjälpmedel

Säkerställer projektets leverans

Krav på standards och rutiner

Möjliggör för mottagare att använda projektets resultat

Förklarar specifikt hur ett arbetsmoment skall utföras

Beskriver hur man förebygger produkt- eller tjänstefel

Beskriver orsak-verkan

Kan följas

Innehåller inte motstående eller orealistiska instruktioner

Fallgropar vid skapande av standards

- Att inte blanda in påverkade personer i skapande av rutiner
- Inte testa rutinerna
- Inte testa rutinerna i rätt miljö
- Inte ge fullständig information
- För många – onödiga
- Inte vara helt klara eller ej uppdaterade

Grind 3

Formalia runt dessa beslutsmöten (grindar) varierar från organisation till organisation.

Vanligtvis ett beslutsmöte där projektägare och ledning tar godkänner att projektets alla aktiviteter genomförts. Detta baseras på projektplanen, resultat, budgetavstämning samt rapport från projektledare.

I vissa fall kan en så kallad restlista upprättas, en lista med återstående aktiviteter som skall genomföras vid ett senare tillfälle, glöm inte att ange ansvarig för dess aktiviteter samt planera in uppföljning.

Resultat efter Genomföra och Styra fasen

Efter Genomföra fasen är projektets leverans i princip genomförd. Alla aktiviteter är genomförda och resultatet av arbetet kan börja mätas.

Det finns också ett färdigt styrdokument som skall lämnas över till projektägaren med direktiv hur leveransen skall hanteras framöver.

Varje fasavslut innebär en grind, det vill säga ett beslut krävs för att projektet skall gå vidare till nästa fas.

Efter Genomföra och Styra fasen skall ett beslutsmöte hållas där projektets leverans godkänns.

Författarens tips

Styrplanen bygger på allt du tidigare gjort i projektet så den kan påbörjas parallellt med Planera fasen.

Glöm inte att säkra styrplanen mot projektbeskrivningen, se till att en tydlig koppling finns till allt som skall levereras och hur det skall tas omhand. Ofta glöms nödvändiga utbildningar bort (det räcker inte alltid med att skicka ut en ny instruktion).

AVSLUTA OCH FÖLJA UPP

Projektavslut innebär avslut av alla projektets aktiviteter, överlämning till projektägare, dokumentation och slutleverans av projektets syfte. En noggrann överlämning inkluderar uppföljning, utbildning och information gällande handhavande av projektets leverans.

Initiera   Planera   Genomföra & Styra   **Avsluta och följa upp**

Checklista vid projektavslut

- Det finns ett protokoll som beskriver status på projektets utförda leveranser

- Det finns ett dokumenterat beslut om att projektet ska avslutas samt att styrplan godkänts och överlämnats

- Projektets samtliga rutiner har avbrutits såsom t ex mötesrutiner och olika typer av rapportrutiner

- Projektets samtliga resurser har återlämnats

- En restlista har upprättats om det finns leveranser eller aktiviteter som inte slutförts i projektet. I restlistan framgår också hur dessa icke slutförda leveranser eller aktiviteter ska hanteras och vem som är ansvarig

- En slutrapport finns framtagen som innehåller projektets erfarenheter. Slutrapporten beskriver erfarenheter om projektorganisation, arbetssätt, tekniker och processer, hjälpmedel, administrativa rutiner, leverantörer etc.

- Projektets ekonomiska utfall har dokumenterats och eventuella projektkonton har stängts

- Ett avslutande styrgruppsmöte har genomförts med slutrapporten som underlag

- Ett avslutande projektmöte har genomförts med slutrapporten som underlag

- En gemensam kick-out aktivitet har genomförts som markerar att projektet är avslutat

Lärdomar

Vid varje projektavslut, ta som vana att reflektera ensam eller tillsammans med projektgruppen.

Vad gick bra?

Vad gick mindre bra?

Vad har vi lärt oss?

Vad kan jag ta med till nästa projekt?

Fira projektet

Fira framgången av projektet, ge ett erkännande till projekt-medlemmarna för deras insats.

Författarens tips

När vi avslutar projektet är det lätt att slarva lite, vi är klara och redo att gå till nästa utmaning. Men ge dig själv tid för reflektion, det har du garanterat mycket nytta av i nästa projekt.

Och glöm inte att fira framgången med din grupp, ni har gjort ett fantastiskt arbete!

FACILITERING

Facilitering används för att göra det enklare för människor att förstå varandra, arbeta tillsammans, nå enighet och ta ett överenskommet steg framåt.

Varför är det viktigt?

Facilitering används för att säkerställa att möten avlöper fint och når bra resultat:

- inom rätt tid
- alla berörda inblandade
- utnyttjar erfarenhet och kompetens hos gruppen

Facilitators roll

- hjälper gruppen att fokusera energi på uppgiften
- hjälper gruppen att hålla sig till ämnet
- är inte ansvarig för innehållet
- säkerställer att alla får komma till tals
- avvärjer personliga attacker
- säkerställer att allt är med
- säkerställer enighet
- adderar värde genom att använda verktyg och tekniker
- säkerställer att resultatet dokumenteras ordentligt

Leda möte och workshops

Skillnaden mellan möte och workshop (också kallat arbetsmöte) handlar om innehållet

I ett möte är agenda och innehåll definierat i förväg medan i en workshop så är agenda och mål definierat i förväg, i en workshop skapas innehållet av deltagarna.

För ett lyckas med sitt möte eller sin workshop finns några kärnpunkter

1. Olika typer av möten – tydliggör detta

   Det kan vara rena informationsmöte eller problemlösnings workshops

2. Deltagare

   Vilka bör vara med. Det händer att vi ibland slentrianmässigt bjuder in deltagare, som ledare för mötet fundera på vilka som kan bidra. Ta inte för givet att alla deltagare känner varandra. Starta med en presentation om vilka som är på mötet och varför.

3. Inbjudan

   Skicka i god tid. Var tydlig med eventuella förberedelser, tid och plats mm.

4. Lokal och möblering

Vid en diskussion är ett runt bord alltid att föredra då alla kan se varandra. Är det ett rent informationsmöte så är inte möbleringen lika viktig.

5. Hjälpmedel

Tänk igenom vad som behövs, t.ex. blädderblock, ljud eller projektor. Prova eventuell teknik före mötet.

6. Spelregler

Kom överens innan mötet om vad som ska gälla för er träff, detta är särskilt viktigt i en workshop då man förväntas nå ett resultat.

Spelregler kan innehålla hur vi hanterar telefonsamtal, raster, diskussioner mm.

7. Tidsanvändning

Förbered genom att planera tid per punkt på agendan. Undvik att förlänga mötet, då är det bättre att boka in ett nytt tillfälle.

8. Roller

Vem för protokoll? Finns en tidshållare? Osv.

9. Minnesanteckningar

Behövs det?

10. Förberedelse

Träna och läs på innehållet.

Och sist men absolut inte minst. Tillför glädje, visa engagemang och bjud på dig själv. Våga utmana!

Idégenerering

Ta fram idéer för att lösa problem eller finna aktiviteter framåt.

Brainstorming

Grundregler:

1. Samla så många idéer som möjligt
2. Utvärdera inte idéer under tiden
3. Skriv ned alla idéer
4. Avsätt tillräckligt med tid för tänkande

Saker att tänka på:

Antal personer

Kompetensmix

Personlighetsmix

Tid

Olika typer av brainstorming:

Öppen eller tyst. I en öppen brainstorming talar alla rakt ut medan i en tyst används till exempel post-it lappar där deltagarna skriver ned sina idéer för en gemensam genomgång.

Strukturerad eller ostrukturerad. I en strukturerad brainstorming är område, känsla och fokus förbestämt.

Brainwriting

Bygg på varandras idéer

Brainwriting är en metod där allas idéer (även de som är tysta) skrivs ned på till exempel post-it lappar

En speciell metod är 6-3-5. Namnet kommer från processen att låta 6 personer skriva ned 3 idéer på 5 minuter.

Steg:

1. Alla skriver problemformuleringen överst sitt papper

2. Alla tar max 5 minuter för att skriva ned 3 idéer på lösning, kompletta meningar (6–10 ord) överst på pappret

3. Efter fem minuter byt plats, eller lämna papper till personen till höger om dig

4. Nu adderar varje person ytterligare tre idéer, det kan vara påbyggnad av tidigare idéer

5. Processen fortsätter tills alla skrivit ned tre idéer på varje papper

Vi har nu 108 idéer att arbeta med

Tips. Detta kan lätt göras via email

Prioritera

När vi samlat tillräckligt många idéer måste de sorteras, vi måste prioritera vad vi skall arbeta vidare med.

Klustra idéer - Affinity diagram

Ett affinitiy diagram är ett verktyg där verbala påstående är klassificerade i grupper

- är hjälpfulla för att strukturera stora mängder information
- används för att klassificera och sortera idéer, åsikter och problem
- ger möjlighet för översikt av stora mängder information

Ämne 1	Ämne 2	Ämne 3
• •	• •	• •

Multiröstning

Hjälper oss att reducera antal idéer

Bestäm i förväg hur många poäng var och en får ge.

Viktigt här är att gruppen har målet och syftet klart för sig och är väl insatta i projektet.

Idé 1 •••	Idé 5
Idé 2	Idé 6 ••••
Idé 3 •	Idé 7
Idé 4	Idé 8 •

Arbeta vidare med de idéerna som får flest poäng.

Insats/Effekt matris

Här avgörs prioriteringen av vilken insats som krävs i
förhållande till den effekt aktiviteten får på målet.

Idé plottas där den hör hemma i förhållande till axlarna:

Axlarnas betydelse kan enkelt bytas ut, se några exempel
nedan.

- Enkelhet att implementera mot påverkan
- Risk mot vinst
- Risk mot insats
- Kostnad mot insats

Börja arbeta med de aktiviteter/idéer som kräver lägst insats
och ger högst effekt.

Ger projektledare och projektgrupp en bra bild över vad som
skall prioriteras samt en grund för kommunikation om
diskussion uppstår om varför det ena eller andra valts.

LYCKA TILL MED DINA PROJEKT!